얼치기완두 길 잃기

김영경

시인의 말

여름의 귓속말이 좁고 긴 방향으로
길을 내었다

기어가고 피어나고,

서툴게, 그러나 멈추지 않고

어딘가에서
한 번쯤 겹치기를,

2025년 9월 섬 안의 섬

김영경

얼치기완두 길 잃기

차례

1부 녹색은 끝나지 않고

N이라는 복도	11
종이컵	12
나무와 까마귀	14
헤링본 스타일	16
아보카도 펭귄	18
꽃과 칼을 구분하는 방식	20
전진하는 고체	22
삭제되는 새는	24
스티커	26
얼치기완두 자화상	28
N's 탐구생활	30
1인용 메시지	32

2부 때로는 π처럼

면접	35
연두 인사법	37
접목	38
이태원 연가	40
그림자 던지기	42
때로는 π처럼	44
고무줄뛰기	46
스패너는 스패너이고	48
내연 보고서	50
회전	52
눈사람과 오늘	54
오래오래	56
비행	58
물의 유전	60

3부 우리는 접혀 있었다

이별	65
기어가고 피어나고, 여름	66
한여름 서빈백사에서	68
숨비소리	70
순비기꽃	72
브롬밧	74
아름다운 썸,	76
동백낭 아래	78
안개 등대	80
곰배령, 안개 속에 숨다	82
까마귀 같은 걸 뒤집어쓰고	84
편애하는 심장	86
여름의 귓속말	88
동백이 익어 간다	90

4부 대답을 떨어뜨렸나요?

반짝 켜 두는 기호 하나	93
변태	94
몰두	96
그루밍	98
밤을 접은 새	100
머리에 꽃	102
오구	104
몬스터 노랑	106
달과 새와 로맨스	108
줄눈 스케치	110
배행	112
N's 풍선껌	114
일방통행로	116

해설

당신을 향하는 태도	118
—남승원(문학평론가)	

1부
녹색은 끝나지 않고

N이라는 복도

 지독한 향수병자 완벽증 N, 복도를 벗어나지 못한다 N에게 복도는 자신을 증명하는 최적의 건축물이다 창문이 없다 거울이 가득한 복도 얼굴이 알루미늄처럼 찢어지는 복도 거울 속 자기를 알아보지 못하는 N은 아주 사소한 것으로도 복제된다 N은 미지의 불빛에 의지해 구치소에서 보내 온 인디오 여인의 편지를 읽는다 복도는 주름진 헝겊으로 덮여 있다 그것은 N의 향수병과는 아무 상관이 없다 사람은 두 종류가 있지 복도 끝까지 가 본 사람과 가 보지 못한 사람 주름으로 접히는 사람과 모형으로 구조되는 사람 완벽증 N은 복도의 끝에 대해 묘사하지 않는다 N은 N의 거울에서 복도를 깨뜨려야 한다 복도 끝에는 비가 내리지 않을 예정이다 비에 젖은 인디오 여인이 복도에게 편지를 쓴다 완벽해진 복도는 그의 것이 아니고 거울 속에서 N은 편지를 읽는다 지독한 향수병자 N, 완벽한 복도다

종이컵

줄줄이 포개져 있는 얼굴들
하나씩 던져 봐

찢어져서 이상해 구겨져도 괜찮아

부끄러움을 모르니 종교는 얼굴이 아니지만

나에게 쏟아 봐 온갖 비난과 칭송의 말들
나누어 주세요 아름다운 오해가 쌓이면
한쪽만 젖은 새 얼굴을 꺼낼 테니까

분노에게 수혈이 가능하다면
공장이 아니라 종교에서 태어나겠어요

종이컵처럼
투석의 대상처럼
분노가 가득한 얼굴로

젖어라씻어라확더젖어라

당신들은 계속 감정을 수혈하겠지만

괜찮습니다
칭찬은 거부할게요

확고한 오해는 아름다운 예언을 만들지
신을 믿고 천국으로 가세요 목적지가 확실한 종이컵처럼

핏기 없는 얼굴로

나무와 까마귀

 넌 쑥쑥 자라나는 뿔, 나무에서 뽑아 낸 안테나여서 다시 나무에게 돌아오겠지만
 그럼 꺼져 줄까?

 까마귀가 날아간다

 까마귀를 스크래치로 해독하는 건 쉬운 일이지만 까마귀를 새로 오독하는 건 어렵고

 나무와 까마귀는 두 개의 안테나

 나무는 까마귀의 눈동자 속에서 비를 읽는다 넌 내가 보여 주는 것만 만질 수 있지 까마귀는 나이테에서 검정을 읽는다 나무의 피가 사라질 때까지 점점 어두워지는

 까마귀는 나무가 벗어 버린 로맨스

 나무는 젖고

나무는 어두워지고

자신의 몸에 난 스크래치를 까마귀로 이해할 때
나무는 스케치를 시작한다

헤링본 스타일

넘어져 보는 중입니다

  우체국 앞 모과나무에 자루를 씌웁니다 헤링본 스타일에

  꽂힙니다

  꽃 피는 가시는 어긋남이 많은 파이팅의 자세

  젖은 바닥은 벼리고 엇갈리는 길입니다
  착시를 불러오는 지그재그

  사선을 교차하는 아름다운 뼈, 덜그럭거리며

  사연을 뒤집어쓴 봉투
  흘러내리는 붉은 빗금은 나뭇잎이 경쟁하는 무늬
  언제 호명될지 모를 불안의 열매입니다

풍랑을 주먹에 가시로 쟁였지만
반전은 없습니다 자루는 자라고 모과는 달립니다

사선이 겹치면 가속이 붙죠
사색은 깊어지고 쌓이고
비는 내려 회색 하늘을 깨트리고

깨진 하늘로 흥건한 바닥을 쓸어 담습니다
자루 속 덜그럭거리는 헤링본 스타일

도전은 따뜻함의 자세,
복서의 아름다운 헛발입니다

아보카도 펭귄

난 아보카도인데
모두 펭귄이라고 부르는군요

거울을 보며 상자 속 보트를 꺼내 볼까요
죽은 건 여러 개인데 상자가 하나뿐이라면 어쩌죠

모방은 싫어요 모순으로 돌아서서
누구든 좋다고 하면 어떻게 불려도 상관없지만

귀엽게 뒤뚱거리면 사랑해 줄 것만 같아 왜 아보카도
씨앗은 단단함을 모방하고서도 모를까요

아보카도를 부화시켜 볼까요?
아보카도는 어떻게 형태를 유지하는 걸까요
죽어서라도 편안하라고 물속에 의자를 놓아두었죠

단단한 것들은 모두 익사해 버렸네요
훅훅 날려도 훅 튀어 오르는 아보카도

싸움은 알맹이만 골라잡고 싶은
고집일까요

단단하고 꼬인 심사만 가진 난 아보카도만 움켜쥐고
미움은 모방하기 아까운 부록이에요
뒤뚱거림을 잊어버릴까 아보카도에 어퍼컷만 날려
대죠

죽은 것을 한꺼번에 불러내는 물속엔 펭귄이 너무 많
아 의자들이 넘어집니다 어퍼컷으로 날린 아보카도가
펭귄 발등에 떨어지네요

근처로 오세요 조금 더 가까이

발등을 찍은 모순을 부활시켜 볼까요?

꽃과 칼을 구분하는 방식

꽃을 좋아합니다 양들은
꽃을 사이에 두고 싸웁니다

꽃을 휘두릅니다 나를 웃게 할 방법을 몰라서
꽃과 칼을 구분하지 못해서

양은 자꾸 울고
울기를 두려워하는 양도 있습니다

누나가 죽은 방에서 양을 키웁니다 양은 방에 남겨진 핏물 같고 핏물이 채워진 흰 꽃병 같고

방에는 꽃병의 목을 쳐 버린 칼이 있고 내 양은 목에 구멍이 많습니다

꽃이 드나드는 구멍이야말로
양이 정의로워지는 방식입니다

양은 내 울음소리가 좋아 칼을 휘두르지요 양이 가진 무기여서 울음은
모가지가 자꾸 부러집니다
누나가 웃습니다

꽃병이 사라진 방에서 양과 꽃은 구분되지 않고 양이 사라지고 나면 누나로 가득한 방

누나가 사라진 방에서

전진하는 고체

구름 씨를 뿌리는 중입니다 한 움큼의 결과를. 까치가 와서 쪼아 봅니다 까마귀도 날아듭니다 뭉게뭉게. 쥐어짜는 중입니다 바람직한 상황이 전개될까요?

날아라 씨들아. 거대한 반전을
인공 강우를 만드는 중입니다
신화는 창조되는 종류입니까

샘이 고장 났습니다 견과류는 슬프지 않습니다 결과는 새드 엔딩. 더 슬퍼져야 합니다 뒤틀린 애도는 어디에다 둘까요? 쓸모를 다한 고체

고체를 키우기 위해 씨를 뿌립니다 필사적으로

필요한 분량을 필사합니다
부러지는 분필들. 좀 더 경과를 지켜보기로 하자
미세 먼지가 쌓입니다 기침이 납니다
바람직한 상황이 전개되나요?

무수히 쪼개져 날아오르는 날개로

 우수와 곡예는 사랑도 명예도 지나야 합니다 분필로 풀어 봅시다 흩어져 봅니다 흉내라도 낼까요 미세 먼지를. 반전은 없습니다 전진만 있겠습니다 신화로 써 보는 전진과 반전

 인공 강우로 지워지는 신화는 곧 해체됩니다

 신화는 쏟아지는 동안 잠깐 날개가 돋는 것,

 일용할 내일은 뿌리입니다
 자라는 구름
 고체를 계속 진행하겠습니까?

삭제되는 새는

뒤집어지는 문을 세우겠습니다

양말의 중요성은 구멍입니다
시기와 질투는 새의 구멍
구멍이 없는 것은 새가 아니니까요

양말은 시기와 질투를 뒤집어 신고

편견을 움켜쥔 고양이 뒤쫓는 새는 열기를 띱니다 코끼리가 띕니다 전기를 띄어 읽습니다 뒤집으면 새가 쏟아질까 봐 감전될까 봐

코끼리에게 중요한 건 무너지는 방식

세울 수 없는 말랑말랑 코끼리는 연필처럼 쉽게 닳고 흘러내리는 양말목 의심이 길어질 때 새들은 하늘로 날아오릅니다 무심한 눈빛을 쏩니다 톡 쏘는 전문가의 맛입니다

새는 쓸 때까지 써 버립니다
늘어질 대로 늘어지는 새는 연기

들어서고 봅니다 만나면 샙니다 구멍은 세울 수 없습니다
새로워지겠습니다 전문가의 견해를 뒤집어서

할리스 카페에서 처녀작을 세우고 삭제되는 나는

뒤집어서 활짝 피는 구멍입니다

스티커

벽으로만 움직이는 평면의 세계에서
위장을 꺼내 보이는 인사의 시작

실종된 너는 벽에 있다

수정도 없이 반성도 없이
스티커라는 스토커

평면으로 번식하며
사건들을 모은다 수집한다

식물의 정신세계를 가진 스티커
벽을 타 오르고 천장에서 펼쳐지는

접을 줄 모르는
스토커라는 스피드

시속 오 밀리미터 담쟁이의 속도로

나는 너라는 벽을 사랑할 권리가 있다
찢어지거나 집착하거나

찬란을 확인하려고 우리는
엉덩이부터 들이밀며 진창에 달라붙는 중이다

벽을 완주하는 방식으로 펼치는
스티커, 스토커, 스피드

얼치기완두 자화상

강입니다 최강입니다 녹색으로서

 소질을 갖춥니다 뒤집기에 뒤집어지기에 믿음을 갖진 마세요 언제 뒤집힐지 알 수 없으니 쫏쫏 혀만 차 주세요 차이긴 선수지요 바람을 좋아하니 매번 바람맞기는 완두의 몫입니다 목이 메입니다

 흔들 줄 압니다 흔들릴 줄 압니다 얼치기완두입니다 흘러내리기 좋은 깍지를 가졌습니다 혼자서도 잘 놉니다 콩콩 잘 뛰다 보니 나이가 들었군요 나이가 많지만 막내가 되기도 합니다 죽은 자들의 도시에 가 보고 싶었습니다 가려다 터진 채 혼자 잘 놉니다만

 방치된 적 있습니다 밤에 몰래 갖다 버렸습니다 깨어난 개미누에들이 머리에 달라붙습니다 메두사입니까? 아름답군요 아직 감탄하긴 이릅니다 첫사랑이 기억나지 않습니다 누구든 관심을 보이면 철커덕 달라붙는 자석 누구의 자식도 아닙니다 아홉 살에 엄마를 버렸습니

다 버린 엄마는,

 카페에서 소개팅하는 남녀의 대화를 엿듣고 있습니다 힐끔거리는 훠감는 것은 완두의 오랜 버릇 그래서? 혼자? 같은 말을 훔쳐다 놓습니다 남의 시집을 들추다 부르르 떱니다 사색을 떱니다 딱히 쓸모는 없지만 엄마는 아름답습니다 쓸모를 버릴 줄 알아서

 녹색입니다 녹색을 지지합니다 녹색이 세상을 뒤덮기를 엄마가 녹색의 땅으로 돌아오기를 바람입니다 부풀어 오르는 엄마는 빵입니다 사실 엄마만 빼면 잃을 것이 없습니다 빵을 먹으려다 뺨을 먹습니다 녹색은 바람이 중요합니다 엄마면 다 좋습니다 완두는 다 좋습니다 계속 엄마이겠습니다 개인사입니다 뺨입니다 아름다울까요? 새롭게 매달려 보겠습니다 대롱대롱

 강으로 최강으로 녹색으로 바람은 끝나지 않고

N's 탐구생활

 안경을 찾으면 무서운 일이 생길 것만 같아 눈이 내린다 백지로 읽다 덮은 눈을 믿지 말아야 한다 안경은 백지 밑에 있다

 눈을 펼친다

 눈이 가장 어려웠다 녹아내리는 목소리의 난간을 그려 넣기에

 종이들이 쌓이면 병이 나을 것만 같다 이것은 나의 탐구 생활 하얀 것들만 쫓아다니다 어느새 염소의 말도 알아듣고 새들이 숨겨 놓은 알약도 찾아내고 까마귀가 물어다 둔 이별이 어느 곳을 흐르는지 어떤 목소리가 아버지가 될지 자는 남자의 뱃속에서 낳지 않은 아이들을 뺏어 오고

 토리노의 말을 쫓아 쏟아지는 폭설 아래 처박히는 보도블록 쓰레기통 안에다 종이로 집을 짓고 문어가

숨겨 둔 어둠을 찾아 심해 동굴에 빠져 끝내 목소리는 빼앗기고 다리 대신 찐득거리는 빨판만 붙이고 모르는 목소리를 잃고 모든 것이 예민해진

   처음은 병실이었다
   백지에 빠져들기 시작한 것은
   쌓이는 하얀 그늘

   눈이 가장 어려웠다 그늘을 펼치기에

   안경을 찾으면 무서운 일이 생길 것만 같다 처방전을 받아 들고 목소리의 난간을 따라 그리는 중이다 안경은 백지 위에 있다

   눈을 덮는다

1인용 메시지

당신은 감자 수프를 만들고 있군요 수프에는 감자가 제격이죠 감자를 휘저으면 사건은 입체적이 되죠 감정은 격발되고 수프는 부드러워지죠 귓가에 쏟아지는 피 임금님 귀가 당나귀 귀였다니 처음부터 플롯은 버릴 생각이었나요 거짓을 다 쏟아 내고도 날 죽이고 싶다면 그때 명중시켜요 당신이라면 날 사라지게 할 수 있을 거예요 플롯이 사라지면 사건은 희미해지고 각혈에는 감자 수프가 제격이죠 1인용 메시지를 찾아야 해요 지금 필요한 건 큰 말 하나 작은 말 하나 선택이 힘들면 다른 사건 속의 밥에게 물어야죠 밥이 내 유일한 사수이니 어쩌겠어요 당신 말에서 자꾸 탄내가 나요 눌어붙지 못하게 실명의 투서로 휘저어 주세요 발각된 것은 격발되어야 한다고 다른 사건 속의 밥은 말하죠 내 머리는 일회용이랍니다 뛰어오르는 것은 터트리고 보는 버릇 하나를 얻었어요 각혈 한 번으로 날려 버린 플롯에 대해선 아는 게 없어요 하나만 물어요 새가 머리를 어떻게 운전하는지 알아요? 던져 버리기엔 싹튼 감자가 제격이랍니다

2부
때로는 π처럼

면접

찢어지기 위해서죠
질문이 문을 열고 들어섭니다

얼굴을 맞대죠 뽑기 놀이 중입니다 어떻게 뽑을까요?
침을 묻혀 바늘로 콕콕 가장 큰 특기인 혀를 좀 써 볼까
요 뽑기 쉽다는 거예요 쉽게 뽑히죠 어렵게 달라붙어선

엉망이군요 진창이고요 엉망진창 장관이네요

아침을 자릅니다 칼은 가지고 다니면서
열정적으로 싫어해서 아침은
어제까진 백수, 오늘의 파수꾼이 되겠다고 하네요

허무하군요 맹랑하구요 허무맹랑이 가관이네요

티슈는 입체로 간절해진 침묵을 평면으로

의자는 두고 가세요

의자를 들고 가는군요
같은 의자인가요?

내게 한 질문이 나입니다 질문으로 무늬를 만듭니다
의자는 나의 질문에 날 데려다 앉힙니다 뽑혀 나온 날
뭉치면 재활용이 될까요?

맞댄 얼굴로 전전긍긍을 굴려 봅니다

연두 인사법

 곧 가겠다는 말입니다 방금 왔지만 노랑에서 연두로 초록으로 다시 다크로 짙은 어둠으로 가겠다는 약속입니다 더 깊어지겠다는 다짐입니다 초록의 뿔에도 혈관이 있다며 분홍색 연구 따위는 관심 두지 않겠다는 것입니다 예쁜 것은 뽐내게 놔두라지요 연약한 아름다움 따위는 꽃에게나 뒤집어씌우라지요 단단해지겠다는 것입니다 무감각을 키우겠다는 것입니다 덕지덕지 벗겨지는 나무껍질 갈라지고 벗겨지고 바짝 말라서 안으로 안으로 동그랗게 말려 보겠다는 것입니다 모두 연두의 일입니다 당신의 감탄사 같은 분홍이 아닙니다 작은 연두색 인사에서 만사를 키웁니다 만사가 형통이라니요 뿔이 날 말씀 연두색 인사로 조금 더 올라갑니다 어차피 잘될 리 없지만 고도가 조금 높아집니다 새로운 인사가 보입니까? 그 인사가 그 인사이겠지만 안으로 말리는 동그라미로 남쪽으로 기울어지겠습니다 조금만 더 아래로 뿌리가 나겠습니다 남쪽으로 튀겠습니다 연두 인사법, 조금 더 짙어지겠다는 다짐, 검은 땅 당신을 향해

접목

돌파하겠습니다 히아신스
알맹이를 콩고 화분에 묻어 둡니다
접목합니다 펭귄이 된 개, 주인이 또 희한한 걸 입히는군요

씨앗이 날아옵니다 계속,
악당은 휴지에 싸서 던져 버리고 뒤돌아보지도 않고

돌멩이를 보면 쌓아 올리는 손이 있고 던지는 손이 있죠 냅다,

히아신스가 두고 간 주먹으로
빌런이 됩니다 빌런이 슈퍼히어로로
탄생합니다 한니발도 조커도 양들의 침묵으로 접목되고

발화하겠습니다 발악하며
아! 꼬리가 나오는군요

악당이 꼬리를 흔들며

모든 발아에 사다리를 놓고 애인은 사양입니다 양들의 침묵으로 뒹굴고 발악하면서

찢어지기 일쑤입니다만 종량제 봉투는,

폭로하거나 폭발하거나

찢어진 봉투로부터 그리하여 씨앗은,

이태원 연가

혁명보다 아름다운 게 있다고?
달라붙지 좀 마 왜 자꾸 끙끙거리니

시체 치우는 일과 신생아 돌보는 일을 동시에 하는
너 너구리 같아 입안에 사탕이 있을 때 시간은 늘어지고
미끄러지고 시체는 완벽하고 완벽하게 지루했다
지루함이 좋아 빙판을 공격적으로

드러눕지 좀 마 침대도 아닌데
신생아실 수문장으로 있던 개가

진실만 말하라고? 광장엔 시체가 즐비하다는 거?
개한테나 주라지 비명과 혁명을 사랑해 식물이 자라나는
자세로 얼음장 위로 내동댕이치는 트리플 악셀로

위트는 심장 박동을 느리게 하고

너구리 동맥에도 사다리가 있다고
산 자의 얼굴을 벗길 땐
공개적으로 환해지는 기분

손으로 전해지는 민트색
떨림이 모두 쏟아질 때까지
빙판에서 미끄러집니다
계속하겠습니다

꼬리를 흔듭니다 개가 되고 싶은 표정입니다 위트 있는
동물이 될까요? 지나가겠습니다 웃는 개가
되겠습니다 혁명적으로 회전하는 자세로

그림자 던지기
—개미 인력

 중앙에서 낚싯대를 휘두를 땐 좋았죠 네 박자 꿍짝에 구름이라도 낚아 올릴 기세로 떠내려갑니다 버릴 줄 압니다 돌아올 줄 모르는 태생적 본능으로

 연어가 돌아오면 명태도 따라오겠죠
 떨어진 것들은 회귀선을 따라 돌아오죠
 명퇴가 쏟아지고 가랑잎은 하수구를 틀어막고

 넘쳐 버린 구름으로 무늬를, 한 방입니다

 철심 열두 개를 박아 다리는 찢어진 잎맥으로 낙화유수로 테두리가 없는 구름 아래로,
 발전입니다 돈다고 연어가 까닭일 리 없지만 믹스 될 연유는 가득합니다 달달함은 취향일 뿐, 흔들거릴 의지가 가득한 의자에도

 다리가 넘쳐 개미 떼는 줄을 잇고

달달함이 부족합니다
회의하고 회의하고 경의를 표합시다
달도 토끼도 구름에게 있다면 연유가 중요합니다
살짝 올라왔다 치고 빠지는 토끼 씨는,

달에도 있습니다 18일엔 조금 찌그러지면서 녹아내
리면서 의자를 갖는 건 서지 않겠다는 것, 진득함이 필
요합니다 떼를 지어 명태가 돌아오는 날 믹서기를 돌립
니다 더 진행해 봅시다 잎의 회귀성으로 우우우우 아아
아 입을 달그락거리면서 더 취향을 짜 보면서

의지의 연유가 될 까닭은 없는 의자에
각자의 그림자를 던지며 연이어 들어서는 개미 떼,
떼, 떼

때로는 π처럼

태어날 때부터 닫히지 않는 구강 구조를 가진,

한 번 시작된 생각이 다물어지지 않는다

건널목 앞 번데기는 다시 나비가 될 수 있을까?
한여름 뙤약볕을 가려 주던 커다란 차양 나비
한겨울 날개를 접고 왕생 번데기 속으로

다시 날아오른다면 그 나비는 작년의 나비와 같은 나비인가 아닌가?
 입을 다문 고치와 쏟아지는 사방의 그물코

 건널목을 지나기 전의 시간과 건너간 시간 사이의 우체국은 또 얼마나 다른지 혹은 같은지

 모르는 전화를 받기 전과 받은 후의 구강 구조는 어떻게 달라지는가?

매 순간 격렬비 열도로 번지는 물배추처럼

한 포기가 두 포기가 되고 두 포기가 세 포기가 되고 많은 포기가 되고 모든 포기가 되어
온통 찰나의 습지를 덮어 버리는

때로는 파이처럼 퍼져 나가는 메아리처럼 끝없이 리좀처럼

물배추는 나비는 또 어떤 천 개의 차이를 건너가는지

건널목 앞 길게 매달린 차양 번데기가 꿈틀거린다
인드라 천연색 꿈이라도 꾸는 듯

천천히 다음 신호를 기다린다

고무줄뛰기

하늘에 줄 그으면 새들도 선을 지킨다

새장에서 스스로 꺾을 줄 아는 날개처럼
직선은 난해하고 퍽도 팽팽하고
계절을 건너뛰며 튕기는 재채기처럼
곡선은 무해하고 사방으로 축축하고

무지개에 일상을 걸어 두고 슈퍼보드로 꿈속을 질주하는 아가씨야 땅을 짚어요 외발자전거 탄 견우가 소 등을 후려치며 따라가고 새장을 늘리며 느린 소는 는개를 앞세우고 팽팽한 곡선 한 가닥을 붙잡고 서 있다

하늘엔 붉은 스크래치, 낙서가 많아야 보기 좋다

바틀비 아웃! 한마디에 몰려오던 신발이 허공에 매달리고
모든 식물성 환호가 레이더에서 사라지며 오호라,

은밀하게 위대한 관계는 뛰어넘기보다 끊어 먹을 때 짜릿하다

　바틀바틀 바틀비는 질문을 돌리며 서 있고
　견우의 소는 꿈속의 달을 건너뛰며 폴짝,

　뒤돌아 뛰어나가는 식물성 남자 뒷덜미에서 잘 마른 빨래 냄새가 난다

스패너는 스패너이고

가령 말입니다
문고리에 달아 놓은 쑥떡 같은 거 말입니다
어떤 손은 떡을 내밀고 어떤 손은 비단 대신 뱀을 내밉니다
같은 사람인데 왜 자꾸 다른 걸 내밀까요?

비단뱀이라고 했더니 잘못 줬다고 도로 가져가겠다고 하네요
도루묵이라니요
감탄도 실망도 당신 몫인데 어쩌다 도루묵이 되었나요 실망이야, 쑥떡

쑥떡의 실망이 맹꽁이 책임은 아니지만 그래도 맞춰야 하는 게 오늘의 날씨니까요 는개 자욱한 저수지가 예쁘기는 하지만 추워요 이미 끓고 있는걸요 그저 먼발치에서 구경이나 하고 떡이나 먹지요 어디기에 못 들어가 안달인지요 비단 대단 곱다 해도 맹꽁맹꽁 알다가도 모르겠다니 오리무중이라니 이리저리 요리조리 변죽을

울리고 다닌다니 붙잡기만 하면 패대기를 쳐 주겠다고, 쫓아다니다 제풀에 쓰러지는 맹꽁이 역할에 충실해 볼까요? 주인공일 리 없잖아요 모두가, 뉘 집 도루묵도 좋습니다만,

봄에 내린 우박처럼 쏟아졌다가 한꺼번에 녹아 버리는 당신의 호위처럼, 쏟아지는 것도 거둬들이는 것도 오늘 날씨처럼 변덕스럽군요

가령 말입니다 장마가 시작되기만 한다면 말입니다
스패너는 스패너이고 비단뱀은 비단뱀이라고 맹꽁이는
욱, 웩, 욱, 웩 잘도 노래합니다

내연 보고서

 기억합니다 당신은 나에게 분노를 수혈해 준 셈이죠
습작을 버립니다 꿈을 꿰어야 한다면, 비둘기를 키워야
한다면, 멀구슬에게 민폐를 끼쳐야 한다면, 폐에 물이
가득 차야 한다면,

 설마 아름답기야 할까요?
 빠르기는 하겠군요

 망향을 향해 갑니다 망해 갑니다 고속입니다 설마,
아름답기까지 하군요 한가요? 해요 해야겠죠 할 수 있
을까요? 하겠어요 향해요

 막힙니다 돌아설 때 오히려 꺾이는군요 갈 지점을 못
찾았나 봐요 머뭇거리네요 항로를 개척하듯 고속에서
빠지면 되는데 목이 막혀 두리번거리네요

 안에 있습니다 갈림길도 합류 지점도 연기처럼 나옵
니다 홍가시군요 동백이 아니라 적산 가옥 대나무 숲에

꽃이 핀다고 호들갑이지만 확실치 않아요 필지 안 필지

  옳은 건 쉬워요 다른 선택이 없을까요? 도킹할 순 없나요? 키를 놓아 버리면 항로를 개척하게 됩니다 낡은 폐선은 문을 잘 닫아야 해요 마스크와 목도리를 챙겨 주세요

  순전히 집착이라면,
  빠로레빠로레 파멸로 향해 간다면,
  종소리가 울려 퍼진다면,

  옵니다 대꽃이 피네요 피요 핍니다 길 잃기 덩굴손을 따라 항로를 이탈 중입니다 망향을 향해 갑니다

회전

코너링이 좋았어요
비상구는 한 귀퉁이에 떠 있고
빙글빙글 제 꼬리를 쫓는 아보카도의 관성

식욕은 돌아보는 방향에서 발생하죠
쨍그랑날아오는돌멩이신선한요리법

꼭 그래야만 했나요?
새로운 아보카도를 소개할게요
딱히 포인트는 없어요

터닝 포인트에서 시작하죠
접시를 따라 굴러굴러서 오세요
하나씩 차례로 뽑혀 나오는 아보카도 펭귄

우리는 서로의 맛이 궁금합니다

언제 문을 닫나요 준비한 돌멩이는 던져야 하고

포개진 접시는 치워야 하고, 비상구는 비상으로부터
시작되죠

뽑아낸 냅킨까지 찢을 필요는 없지만
회전의 주름은 남기진 말아야죠

식욕은 하나로 겹쳐 있어요
아보카도의 종류가 많기도 하군요
창밖의 펭귄은 으깨진 아보카도였어요

빙글빙글 돌아오는 아보카도 펭귄
애용해 주셔서 감사합니다만,

눈사람과 오늘

흰빛이 쌓이면 각자의 공을 굴린다 크고 작은 공공

공으로 퍼 담는 흰빛, 눌러 밟아 동그랗게 꾹꾹

그림자에 구멍이 생긴다 주어가 빠져나간 자리

펄럭거리며 지나가는 눈사람은 더디고 새초롬하고 반짝거리고

세상 모든 주어가 섞이면 흰빛이 녹지 않는 오늘

흰빛은 리필이 가능하지?

그림자가 찢겨 나간다
주어가 빠진 공공은 어두워지고 눅눅해지고

오늘은 온종일 눈이 내린다

시들해진 문장은 오리무중이고 비틀거린다

흰빛으로 각자의 눈사람을 만든다
각자의 묘비명 앞에 세워 둘 오늘의 주어를 찾아서

녹지 않는 주어를 뭉치면 어두워지고 흘러내린다
완성된 눈사람이 길을 잃는다

눈사람은 리턴이 가능한가?

흰빛이 사라진 곳에
온종일 눈이 올 것이다

오래오래

 장단은 지킬 것이 많아 조심스럽고 조심스러움은 장단을 지우고 지운 낮은음을 잡고 주머니는 키우고 낮은 탄성으로

 사다새 이야기가 빠뜨린 두레박엔 사다새가 없고 이야기가 없고 두레박이 사라진 손잡이가 오르락내리락

 그림자로 발목을 지울 때까지

 오르락내리락 고로 존재한다는 메기는소리 새소리 침대에 누워 죽지는 않겠다는 죽는소리 뻑사리 많은 침대만 누워 자는 휘모리장단 혹하는 푸른 종아리

 침대의 식탐을 탐하는 사다새 무릎은 휘어지고 남은 모가지의 식욕을 덮어쓰고 부풀리다 익히고 불안스럽게 떠벌리다 혼자 욕하는 사람은 춤추게 되더라 오늘 밤이 부족한 침대는 침대를 갖고 식탁을 갖고 장단을 맞추고 싶다면 테두리를 두드려야지. 죽죽 질러 대는 비명을

쏟아 내야지 욕설과 식욕은 앞뒤도 모를 텐데

여기 좀 비워 줄 수 없나요?

빈 두레박으로 사다새의 장난을 흉내 내다
두레박의 장단을 놓친 그림자

아킬레스 없는 총성이 손가락을 따라 하나, 둘, 셋,

그림자 없이

비행

외로운 것들은
얼굴이 없다 비행은 새들의 뒤통수를 끌어당기고

철모르는 물닭들이 바닥을 헤엄쳐 다니고
가마우지 한 마리 쉴 새 없이 물속을 들락거린다
새는 비행운 사이로 날아오르고

잠자리는 피뢰침 위에 물구나무를 서고
물고기도 스스로 물 밖으로 뛰어오른다
왜가리는 똑바로 정면을 외면하고

얼굴 없는 사람이
허공을 박차고 비행선을 따라간다

새는 무중력 사이로 날아오르고
해는 홀수 쪽으로 느리게 흘러든다
꼭대기만 좋아한다는 얼굴 없는 새는
가장 높은음자리 노래를 부르고

무거워진 배도 제 그림자 속으로 가라앉는다

자전거도 지루함에 헛바퀴를 굴리고
행진하는 코끼리는 힘차게 팔을 휘두르고
달빛은 행운을 피해 물속으로 사라지고
자전거는 물닭을 따라가고 물닭은 자전거를 따라가고

열매를 꿈꾸지 않는 철모르게 벌어지는 개꽃처럼
무심함이 새는 사이로 혼자 피는 꽃이 있다
얼굴 없는 두 개꽃이
정지된 바다 사이로 비행을 시작한다

물의 유전

비를 그리는 내 딸은 레고입니다

엄마에게서 물려받은 유난히 커다란 유방 젖 도는 소리가 크다는 건 들키기 쉽다는 것 숨소리를 줄여야죠

그들이 왔어요 그들이 찾으려고 하는 걸 못 찾아 싸움이 났어요 비에게 엄마가 있다면 어떤 모습일까요 단단한 물이 쏟아지니 누군가 죽은 게 틀림없지만

한꺼번에 떨어지는 비를 보니 내게 남은 건 비극뿐입니다

꼬리는 비밀을 가장 잘 이용하는 미토콘드리아 방식 달아나기 유전자는 타고났죠 버리기로 했던 꼬리들 갑자기 쏟아지는 도마뱀이 얼굴을 뒤덮어요

레고처럼

물은 내 맹목적 믿음의 결과죠 어서 달리기나 해요 성질 급한 내 말은 무수한 낱개로 곧잘 아몬드나무에서 뛰어내려요

　어제 퍼먹은 아이스크림이 흘러나와 내일은 얼굴이 젖어요 내 몸속에 대물림되는 남은 달이 할머니의 검은 꼬리처럼

,

3부
우리는 접혀 있었다

이별

통째로 확 쏟았다

이쑤시개처럼 다글다글 뾰족한 조각들

쏟는 건 순간이지만

주워 담는 덴 오래 걸린다

기어가고 피어나고, 여름

필요하면 꺾어 가세요

장마 끝에 물 폭탄이 쏟아지고 배는 끊기고 하늘과 바다 어디라도 발은 묶이고 해바라기 하나쯤 안겨야지 누구라도 터트려야지 먼 길 가는 엄마에게 풀 죽은 여름 다닥다닥 슬픔의 주근깨 침대와 책*을 타고

필요해, 이별에도 폭죽이 필요하다고

스르르 풀밭을 미끄러지는 여름 한 마리, 조심해 꼬리를 밟히지, 까만 주근깨에 웃음이 묻어 나 슬픈데 웃고 있네, 그래 여름아 웃고 춤추고 노래하자 불꽃이 되자 왈칵 몸을 돌려 휘감는 슬픔의 덩굴손, 도화선이 필요해 불꽃놀이 꽃씨가 흩어져 밤하늘에 박히고, 잡아야지 지나가니까

필요해, 스르르 빠져나가는 경계의 골짜기에서

여름엔 째깍째깍 초침 소리 가득하지만, 절멸 같은 슬픔도 건너갈 거야 너에게 가는 일요일을 발명해야지 창조해야지 실컷 울고 난 파도의 얼굴을 좋아해 안녕 엄마 잘 가, 경계를 넘어가는 칼새 다리가 없는

불꽃을 보았어 환하게 동굴을 빠져나가는 날개, 찬란해 창인 줄 알았더니 문이더라 뜻밖의 노래가 펼쳐지네 슬픔이 뱀처럼 지나간 자리 잘 영근 여름 주근깨, 해바라기 침대에 다닥다닥 박힌 엄마에게

한 다발 꺾어 갈게요 활짝 펴서,

*정혜윤, 『침대와 책』, 웅진지식하우스, 2007년.

한여름 서빈백사에서

지미봉 옆구리로 해가 미끄러지면
바닷속으로 풍덩, 부표를 부여잡고

타타타타 융단 폭격으로 내달려
이마를 강타하는 노을 부스러기
벨롱거리는 석양의 너울을 타고

마지막 도항선이 떠나고
지미봉 다랑쉬 한라산이 펼치는
노을빛 오케스트라 공연에
집어등에 홀리듯 묶여 버린 채
섬 속의 섬에 남겨진 사람들

핏빛 노을을 물어뜯다 부서진
파도의 어금니 같은
하얀 작지들이 바스락거리는
서빈백사 바닷가에서

하늘은 붉게 타서 어두워지고
바다는 검푸른 빛으로 잠기고

강물에 떠내려가는 오필리아처럼
바다에 누워 별을 따라 떠다니면

초승달이 모래밭을 맨발로 걷는다

어떤 이는 백사장에서
어떤 이는 바닷속에서

서빈백사에서 한철
불나비들이 밤마다 바다로 뛰어들고

초승달은 파도의 어금니를 밟으며
사그락대고 별은 벨롱벨롱, 밤의
입천장에 홍조단괴 새 어금니를 박는다

숨비소리

출렁, 시간을 주름처럼 붙이고 바다에 빠져든다

세상은 물어뜯을 이빨 대신 발린이라는 비린 목젖을 달아 주었다

허파에서 물풀 같은 수염이 자란다

자꾸 바닥이 궁금한 까만 민달팽이

바닷속 튀어나온 시간의 초인종을 눌러 본다

둥글게 돋아난 까만 가시도 움켜잡고 우툴두툴 쫄깃한 심장도 한 조각 뜯어 보고

금기 없는 손길에 간지러워진 바다가 긴 재채기로 민달팽이를 뱉어 낸다

뭍에서는 구름이 무표정하게 흘러가고 작고 사소한

하루는 어렵고도 흔하고

   민달팽이 내일도 완벽하게 넘어지는 다리를 갖기 위해 바다로 뛰어들고

   바다는 기양이 나서 자꾸 밀어 올리고

   바다와 민달팽이 사이 긴 돌림 노래가 돌아간다

순비기꽃

세상의 순덕이는 왜 모두 착한가?

짠 모래밭에서 잘 자라는

보랏빛 얼굴로
순비기가
착하게 웃고 있다

미국으로 날아간 순덕이
아들을 뺏기고 쫓기듯 바다를 건너
연락이 두절된 순덕이는
착하게, 엎드려

짠물로 영근 자디잔 씨앗처럼
파도의 골짜기로 뛰어드는
해녀의 밭은 숨비소리 같은
순비기꽃 이쁘게도 피어나네

순디기도 짜디짠 미국 바람에
뿌리를 내리고 잘 자라고 있을까

이번 생에 다시 만날까 아득한

보랏빛 순비기 한숨이
모래밭에서
바다를 건너간다

ᄇᆞ롬밧

고래 배꼽에 ᄇᆞ롬이 박힌다

마지막 그림이 전시된 담수장 빈 창고에
어디선가 무슨 일이 생긴 것처럼
구름 타고 나타난 한 마리 고래

구름은 흰 점박이 갈색 털 세 살배기 어린 말
소심한 고래 하나쯤 거뜬히 등에 태우는

희뿌연 창문 너머로 파도가 부서지고
까마귀 그림자가 화폭 속으로 날아들고

낡은 벽에 내걸린 소섬의 낮과 밤
고도를 낮춘 구름과 고래

ᄇᆞ롬이 없으면 소섬이 아니지

담수장 바람벽에 파도의 전갈이

흰 말로 돋아나고

ㅂ룸은 집어등 불빛 사이로
곰곰한 파도의 어금니를 박고

책상 위 승선 신고서 기약 없는 ㅂ룸이
못난 것들은 못내 짠하다며

고래 배꼽 빈칸을 파고든다

아름다운 썸,

장딸기밭을 헤매고 왕고들빼기를 뜯다 온 다음 날, 배꼽 아래 떡하니 붙어 있는 진드기, 보건소를 가야 하나 호들갑 떨다가,

진드기 받고

옆방 새로 온 강아지 페르가 싸 놓은 설사 똥에서, 꿈틀거리는 마른 고사리, 살아서 튀어나온 기생충, 내 방에서 아롱이랑 놀다 갔는데, 구충제 먹이고 온 방을 소독해야 한다는,

기생충 받고

새벽녘 잠결에 화장실 가려고 철문을 열었더니, 복도에서 벽을 따라 내 방 쪽으로 냅다 달려오는 검붉은 괴생명체에 넘어지네

머리가 어찔거리네

진드기 기생충 이어서 다시 지네,

웬만해선 놀랍지 않은

썸이 있다

아름다운 썸, 그 섬에 있다

동백낭 아래

타클라마칸 긴 꼬리 도마뱀이다

비 오는 날 개미지옥 주위를 맴도는 뜸부기

심장을 손바닥 위에 올려놓고 동백의 시계는 항상 세시 삼십 분이다

전복이 되고 싶었어

등뼈에 열두 빛깔 무지개를 그려 낸다는 순한 짐승, 곰피랑 미역만 먹고 바닥을 기며 숨바꼭질에 몰두하는 시절이 있다

동백낭꽃이피었습니다
보일 듯 보이지 않는 민낯을 찾아 헤매는

혀를 좀 써도 될까요?
좋은 건 혹 들어오니까

지나가니까

동백 모가지에 부리를 박고 지빠귀가 바람의 연서를 전한다

매끄러움이 끓어오르면 온도를 낮춰라 후미진 곳 뜨겁던 입김의 기억이 식어 간다

바람 안테나가 툭 떨어진다

못다 한 동백낭 붉은 입술이 두텁다

안개 등대

뚜우우우우우웃

외눈박이 등대가 운다

한 치 앞도 보이지 않는 바닷가 언덕에서

먼바다 나간 고기잡이배들

무사히 집 잘 찾아오라고

음무우우우우우

송아지 찾아 우는 엄마 소처럼

안녕히 어서 돌아오라고

외눈박이 등대 울음소리가

뚜우우우우우웃
뚜우우우우우웃

안개 사이를 뚫고 뚜벅뚜벅 걸어온다

곰배령, 안개 속에 숨다

꽃의 환호성에는 안개가 자욱하다

안개를 찾아 구름 위로 올라서는 곰배령

안개 속으로 사라지기 위해서는 꽃이 필요하다

모두 떠나 버린 정상에 홀로 서서 안개를 피워 올리며

사라지는 기술은 허공이 우선이다

서둘러 내려서는 자세와

가장자리를 채우는 발길은

아무것도 없어야 가능이므로

곰배령은 세상 어디에도 있다

그러므로 세상 어디에도 없는 곰배령

사라진 발자국은 모두 곰배령에 닿았고

안개 속에서 꽃들은 아우성으로 점점 자랐다

까마귀 같은 걸 뒤집어쓰고

익지 못한 채 떨어집니다

떨어져 붉어도
까마귀는 사랑이라고

모든 사과는 낙입니다
줄줄이 낙입니다

그을린 금 넘지 못하는 선
익어 가는 낙과

혼자서 붉어 가는 사과도
끝내 빨강을 완성합니다

떨어지는 낙과나
떨어지는 까마귀나

받지 않겠다는 것입니다

푸르게 넘실대는 바람

없어서가 아닙니다 않겠다는 것입니다

햇살 없이도 혼자 붉힐 줄 압니다

해는 깃털을 반짝이게 하지만 낙의 몫은 아닙니다
푸른 보리밭이면 족합니다, 비행은 낙이 아니니까요

익지 못한 채 아름답습니다만 또 까마귀 타령입니다
누런 봉투 같은 걸 뒤집어쓰고
 톡 떨어지는 바람입니다

낙과 같은 이름을 뒤집어 들고
날지 못한 채 아름다워져 버린 깃털입니다

편애하는 심장

이쑤시개가 참이라니 낡았어,
침으로 마구 들쑤셔진

산산조각으로 아름다운 심장

예/아니요 사이의 좁은 경계를 파고드는 질문
혀끝을 넣고 뺀다고 벌어질 틈은 아닌데
하고 싶은 건 하라지 뭘 찔러도 편하지 않게

쑤석거리고 출렁거리지 일렁거리고 흔들거려
수런거리는 혀끝을 따라 출렁출렁 어지러워
쪼그라진 개암나무 열매처럼 심장이 쏠렸어

우심방은 푸른 피, 오른쪽을 찌르면 옳은 일이 쏟아
지고
가시방석 혓바닥으로

내일은 심장을 어떻게 쪼개야 푸를까?

새 불쏘시개 하나 갖는다면 모험을 떠날 수도 있을 텐데

질문을 빠트린 우심방, 벙글거리는 소란이 쏟아져

하나님보다 소문이 무서운 난,
내일의 날씨에 맞춰 찢어진 우산을 챙겨 든다

여름의 귓속말

당나귀로 아침을 시작할 걸
울게 버려둘 걸 그랬어

슬픔은 한 번도 펼친 적 없는 여름의 귓속말

여름이 트랙을 잡아당기면 8월
당나귀가 울었다 우리가 울었다

저기 봐 저기 봐 여름이 춤을 추네
양은 양끼리 원숭이는 원숭이끼리
슬픔은 슬픔끼리 짝지어 앉아
내가 젖네 네가 젖지 우리가 젖지

귓바퀴 안에서 젖은 여름이 울고 있지 웃고 있지 울지도 못하는 우리는

주머니에 넣은 귀로

당나귀야, 울음은 빗속에서 구부리렴 미완으로

늘어나는 트랙 안에서 당나귀가 울고 있지 웃고 있지 우리가 아닌

울다 웃는 귓속말은 젖은 8월보다 무겁고
여름은 당나귀를 잊으려고

젖은 귀를 펼치면 우리는 접혀 있었다

동백이 익어 간다

동백은 세 번 꽃 피면서 익어 간다

겨울,
나무에서 붉은 탄성을 불러내며 피어나고

봄,
땅에서 뚝, 뚝, 떨어진 한숨으로 피어나고

가을,
탁, 탁, 갈라진 꼬투리로 한 번 더 피어난다

씨앗까지 다 내려놓고
바닥에서

저만치 혼자서 탁, 벙글어진다

동백 꼬투리가 꽃처럼 환하게 익어 간다

4부
대답을 떨어뜨렸나요?

반짝 켜 두는 기호 하나

　꺼져 가는 사건을 일으키고 싶어 지문이 닳도록 라이터를 켜 대는 마음으로 어둠 속으로 사라지는 비상등 너를 따라가다 빛을 잃어버린 곳에서 나는 발견되고 내 안의 너를 꺼내고 싶어 불러내고 싶어 그을린 그림자 속 켜 두는 기호 하나 안녕하세요? 스토커 씨, 뭘 하고 있나요? 편견을 끈다 당신이 아니라 어둠을 찍는다 감춰 둔 당신의 시치미를 채집 중이다 사건 발생 지점마다 켜 두는 보라색 알전구같이 그늘로 오세요 두꺼운 건널목은 누락된 알리바이 회색을 채우고 꽃에 왜 불을 붙였나요? 해결할 수 없는 사건을 수집하는 기분은 그을린 지문에 가깝고

　비상등을 *끄는 순간*,
　반짝 켜 두는 기호 하나

　재는 활짝 피었나요?

변태

나비가 자꾸 옮겨 앉는다
날개는 깜박거리는 미래의 소실점

나비의 비행에 아몬드가 쏟아지면

소실점이 하나였다
흔들리면 다시 나비였다가

니체였다 나체였다가 그늘이었다 그림자였다가 점의 모서리

우표첩 안에 박아 넣었다 투명한 껍질이 필요했다 누군가 코팅된 내일이라 부르는

석 달을 아몬드 껍질 속에 누워 있었다

바람만이 껍질 속으로 들락거렸다
출구 앞에 쌓여 가는 벗겨진 발들

판을 갈아 끼우고 밖으로 나왔다

찢어진 지면 한 자락이 나비로 해석되고 있었다
나비는 어디로 옮겨 앉았나 니체는 어디로 옮겨 앉았나?
확신을 가라앉히기 위해 서둘러 나비 날개에 핀을 꽂는다

여러 개의 소실점,

몰두

내리꽂히는 새는
몰두할 곳이 필요해

젖은

침대보를 쓰고 있는 새
당신이 원하는 것은 이것입니까

젖을 줄 모르는 것은 믿지 않기 난 태어나면서부터 쏟아지는 지루함과 싸웠다 당신이 우기를 불렀습니까?

싸우는 일이 곧 지루해졌다
흘러내리는 침대보 그것은 네 사치의 어디쯤일 텐데 자꾸 거품이 이는군

울란바토르 사막에서는 별빛이 무거워 잠도 오지 않아 그는 매일 밤 부엉이 울음소리를 덮었다

닦아도 닦아도 반짝이지 않는 녹색 깃털 그는 그것이 침대라고 우긴다 그러니 무섭게 흡수

몰두하는 것들은 빨리 쏟아지거나
너무 평화로웠으므로

당신이 원하는 것은 이것이군요 그의 목소리에 헤엄치던 물고기도 가라앉았다 물속에서는 더 많은 물이 필요하지

불타지 않는 숲 가라앉는 물고기와 부엉이 사이 그가 젖은 침대를 물어다 놓는다 몰두하면서

그루밍

일기장엔 추락한 천사 얘기만 가득하지
본 적도 없으면서 날아 본 적도 없으면서

허공을 빙빙 도는 사람
어떻게 찾았어?

얼룩은 쏟아야지

깨진 컵이 이렇게 많았나? 많은 건 겁이 나
누구나 첫 추락에선 겁을 먹게 마련이지만
추락을 모아 쥐면 왜 날개가 되는 걸까?

여기 오는 게 아니었어
절벽을 뛰어내린 것은 깨진 발이었어
악몽을 물어다 줄 검은 고양이 하나쯤 있어야지

모든 천사가 깨진 컵 속으로 뛰어들면

쟤 좀 봐, 새의 추락을 덥석 물었군
쏟아진 얼룩은 닦아야지

나쁜 꿈은 방향을 뒤틀고 방향은
악몽답게
천천히 부드럽게

천사가 선물한 죽은 새를 꺼내기 위해
깨진 손금은 다시 새장으로 들어간다

닦은 얼룩을 쏟으면서 얼굴은 문지르면서,

밤을 접은 새

자다가 짖는 소리를 들으면 가위를 집어 들었다

짖는 것은 **나**의 일
너의 일은 찢는 것

젖은 밤을 훔치려 물티슈로 닦았다
새들의 울음이 머리 위로 쏟아졌다
잊어버린 개를 잃어버린 꿈속에서 찾아 헤매면
여물지 못한 부끄러움이 손안에서 반지르르하고

신문을 몰아 읽으면 가위에 잘린 토끼가 뛰어다녔다
식탁에 놓인 토끼

손톱 밑 가시를 뜯어 내며 불면의 자서전을 구술하는
넌 당근 푸딩을 들고 내게로 왔다 밤에 얹힌
딸깍거리는 빨강의 날개를 끌고서

불행에 그토록 친근하다니 당신은 게리온, 개 아름다운

밤의 속껍질을 벗겨 쓴 흰 토끼
토끼가 점점 어두워지는 건 밤을 껴입기 때문이라고

가위에 눌리면 꼭 짓던 문장에서 굴러떨어졌다
떨어진 밤을 쪼아 먹고 새들의 울음이 길어졌다
길어지는 밤 내달리는 가위

찢는 건 **너**의 일
접는 것은 **토끼**

물티슈로 닦은 밤, 개가 밤을 길게 찢고 있다

머리에 꽃

잎새에 이는 바람에도 흔들거리고 흔들거리고 모가지가 길어서 미루나무는 자꾸만 뒤집어지고 뒤집어지고 아프리카 꽃기린도 아카시아 꼭대기 가시를 따 먹으며 키득거리고 키득거리고 모가지도 없고 절망이 코끼리 뒷다리만큼 튼튼한 난 자꾸만 코끼리 코에 매달려 흔들거리고 흔들거리고 거미가 쳐 둔 올무에도 걸려 넘어지고 넘어지고 무지개가 펼친 잠자리 날개에도 찢어지고 깨어지고 뼈가 자꾸 덜그럭거리고 흔들거리고 절뚝거리고 덜커덩거리며 어디론가 자꾸 미끄러져 가고

죽은 길이 되살아나 출렁거린다

꽉 잡았던 미끄덩한 당혹감만 움켜쥐고 한때 멀리 도망을 가 본 적도 있었다 단단함을 찾아 구리산맥 등을 타고 사막여우 골짜기까지 애 셋을 낳고 하나는 잡아먹고 또 하나를 잡아먹으려고 칼을 치켜들 때 팽팽하게 당겨지는 길의 출렁임 제자리로 끌려오고 달려오고 미치지도 못하고 도망도 못 가고 한곳에 매여 아기 염소 공

갈 똥 같은 노래를 맴맴 거리며 맴돌고 맴돌고 다시 돌고 또 돌고 팽이도 돌고 나도 돌고 냅다 지구를 후려치며 비틀거리고 키득거리고

오구

먼저 발을 가져가
발은 지리산이야 말없이 늙어 가는 지리산 등허리 가만히 밟아 주는 것 나나 당신이나 참 좋아했지

오구 축제에선
노래하거나 춤추거나
버스커버스커 노래면 최고지
나머지는 모두 아웃

다음은 목이야
자주 가는 산꼭대기 휘어진 적송 아래 걸어 둬 바람을 따라 머리를 달그락거리며 오래된 내일 이야기를 들려줄게

오구굿 끝자락
누런 광목을 가르고 가는 관 앞에
잘 마른 심장을 우표로 붙이고

코는 단오에

잘 가던 그 집 커피 향 코가 좋아하지 밤마다 한다는 연극까지 볼 수 있다면 한여름의 꿈 아무도 몰래 주머니에 한 움큼 커피 찌꺼기 속에 책장 앞에 화장실 안에 살짝

지리산에서 서쪽 바다 별똥 속에서
조각난 내가 쏟아지고

아! 바람이 부네
자꾸 바람은

불고,

몬스터 노랑

밤은 믿음 불면이라는 소망 아프고 잘 낫지 않겠다는 사랑
울퉁불퉁한 밤은 몬스터가 되었다

내리는 불안을 유리창에 펼쳤다
밤은 할 말이 많고 깨질 일이 더 많은 창

헛돌다 끝없이 경솔해진
왜 투명한 것들은 밤이 되면 눈에 잘 띄는 걸까요?

불면이 몸에 밴
노랑은 몬스터가 가장 좋아하는 개시

끝날 듯 끝낼 듯 끝내
끝맺지 못하는 가장자리에서
왜 투명한 것들에겐 비 냄새만 달라붙는 걸까요?

약은 서랍에 있고 처방전은 문밖에 두고

창밖으로 오줌을 눠도 되겠니?
귤을 많이 먹은 날은 계시가 흘러넘친다

낫지 않으려고 노랑에 매달렸지만
끝까지 끝을 놓아서 몬스터를 세울 수 있었다 알갱이
가 톡톡 터졌다

몬스터가 지나간 자리 노랑이 확 쏟아진다

달과 새와 로맨스

세상의 로맨스는 모두 녹색입니까?

컵이 깨지자 새가 날아갑니다
컵의 부화는 계속되고

로맨스로 갑시다
당신은 로맨티시스트, 물컹한 손잡이군요

결정의 순간 새는 눈을 감고
눈을 감고 날아야 하는 것은 전쟁 같은 순간이라고

사과를 움켜쥡니다 전생 같은 사과군요
사과는 껍질이고 날아간 새도 역시 껍질이죠

난 껍데기보다 깨진 게 많아요
그러니 컵에서 새가 나오는 물컹한 이야기를 해 줄게요

컵이 새가 될 수 있는 건 부리가 없기 때문이라죠

부리를 찾으면 새로운 로맨스가 시작되지요

자꾸 갈라지는군요 최초의 균열을 찾아
세상의 모든 녹색은 새가 됩니다

새가 껍질을 물고 거리를 당겨요
달이 점점 멀어지네요

얇아지고 금이 가기 시작한
달이 깨지면
새들이 날아갑니다

부리를 움켜쥐고 새를 쏩니다

대답을 떨어뜨렸나요?

줄눈 스케치

뜯어 내자는 것이다 드러눕고 보자는 것이다
후벼 파고 도려내고

아름다운 너 매끄러운 너에게 깊이를 더해야지
손목을 그어서

혼자 할 수도 함께 할 수도 있다
동업자나 전문가는

아름다운 넌 비명을 지르겠지 갈라지고 쪼개지면서
 오 더욱더 아름다워지겠지 깊어지겠지 날카로워지
겠지

 어제는 흘러넘쳤다 오늘은 타일 공사를 해야지 종일
쪼아야지 쪼였다 풀렸다 온통 바닥은 범벅이 되겠지 흥
건하겠지

 흔들리는 말은 뜯어내거나 고정해야지 그러므로 하

안 줄눈을 쳐야지

  돼지들은 범람하고 오늘의 선들은 반란 중
  막아서는 오르막마다 죽죽 줄은 그어서 아름다운

  오르락
        내리락

  흘러넘치는 것들은 길몽이었다, 꿈이라면 칠갑이라도 좋아라

  다시 줄을 쳐야지, 선만 그으면 모든 게 아름다워지는 거야 죽죽 긋기만 한다면

배행 陪行

서울우유를 마시면 다마네기처럼 매끈해지나

도장을 꾹꾹 눌러 찍으면 납작 엎드렸던 오답이

정답으로 뛰어오른다는데

시험을 치르다 커튼 밖으로 달아나는 아이들처럼

말벌은 왜 자꾸 시간표 안으로 들어오고 싶어 하나

찢어진 수요일과 부러진 가지는 너무 발랄하고

배행하듯

창밖에는 교훈에 맞는 사과들이 영글어 간다

비행이라는 말을 뒤집기 위해 문지기는 질서를 만들었다

문장들은 살아서 돌아오지 못했다

연필을 내려놓고 가만히 있으라는

시험 종료 5분 전 흘러나오는 안내 방송처럼

히스테리아를 오늘의 정답으로 선택한다

사과들이 뚝뚝 떨어져서 배행이라는 단어를 완성한다

N's 풍선껌

부푼 이 기분은 앤의 조울증이죠 혹은 써니거나

땅속 깊이 파묻힌 이 방은 풍선과 불이 연결돼 있어요
우리 중 하나는 알전구에 빠져 있는데요 누가 내 풍선껌을 훔친 걸까요

잘못된 질문 열두 가지 안에 나는 있어요 노래해 주세요 노래를 주세요 이 방에 들어오려면

앤은 써니를 부르고 써니는 앤을 부풀리고

딸깍! 알전구가 켜졌죠

앤의 정원은 비밀인데요 누가 앤을 불었나 봐요 앤은 내가 없는 편이 나을 거예요

새로운 날 만드는 일 조금만 더 세게 불어요 오래도록 부르려면

한 번도 부른 적 없는 마디가 필요해요 바디로는 부족할까 봐
우린 모두 같은 악몽 속에 접속해 있어요

폭발한 엄지는 찾았어요 최소한 악몽이 못갖춘마디인지 알게 되었죠

불은 두고 가요 이 방을 나가려면
조금만 더 불어요

혹시 내가 누구냐고 물으면 먼 길을 불면서 왔다고만 전해 주세요
필라멘트가 끊어진 나의 노래는, 터진 풍선껌

일방통행로

날려 버릴
새를 도둑맞았다
찢어진 천막처럼 던져 버린 새

두고 간 발목이 걸음마를 시작한다 닥터는 서둘러 두 개의 발목을 치료한다 치료를 끝낸 하나의 발목 옆에서 새로운 발목이 붕대를 감고

붕대에서 새가 자라난다
새는 천이 되어 떨어지고

격렬한 감정만 편애하는 왼손잡이 닥터, 주름진 종이봉투를 드릴까요? 활화산이 보고 싶어요

기러기는 가지런히 까마귀는 뒤엉키면서

불 꺼진 방과 불 켜진 뺨 사이 질주하는 하늘을 밀면서 천국을 밀면서 새가 날아가고 새가 돌아오지 않는 일

방적 행로 새를 도둑맞은

  두 개의 천막으로 펄럭이는
  저녁

  칼새의 착륙이 길어진다

해설

당신을 향하는 태도

남승원(문학평론가)

환유 세계로의 초대장

김영경 시인의 첫 시집 『얼치기완두 길 잃기』에서 가장 두드러지는 특징을 먼저 이야기해 보자면 환유적 방식을 즐겨 사용하고 있다는 것입니다. 이 시집에는 물론 바리데기를 연상시키는 여성 화자의 목소리나, 제주라는 특정한 공간을 배경으로 그 속에 담겨 있는 이야기를 펼쳐 내는 등 다채로운 면모 역시 포함되어 있습니다. 하지만 그와 같은 화자의 목소리 또는 소재나 주제를 가로지르면서 자신만의 시 세계를 만들어 가는 생산적 전략은 다름 아닌 환유, 즉 언어적 비유 체계의 적극적 사용이라고 할 수 있습니다. 말하자면, 김영경의 시적 사유를 드러내는 근간에 환유가 자리하고 있는 셈입니다. 바로 여기에서부터 『얼치기완두 길 잃기』에 대한 이해를 시작해야 할 것 같습니다. 그런데 이와 같은 비유 체계는 시 장르는 물론이고 기타 예술 전반과도 깊이 관계되어 있습니다. 김영경의 환유적 전략을 이해하기 위해 우선 예술 장르로 범주를 넓혀서 이야기를 해 보고자 합니다.

매개로서의 예술

창작 단계에서나 또는 감상자의 차원 모두에서 예술은 어떤 대상을 매개 없이 표현하거나 전달하지 않습니다. 우리가 말하는 예술의 본질과 관련된 영역은 사실상 이 '매개'의 기능과 깊이 연관되어 있습니다. 형식 차원에서 일반적 서술 구조의 하나로 칸트에 의해 확장된 '파레르곤'의 개념을 가져온 데리다가 예술 작품의 본래 영역을 인식하기 위해서라면 그 외부에 추가된 것으로만 해명될 수 있다고 말한 사례로 이해해 볼 수도 있을 겁니다. 그림을 넣어 전시하기 위한 액자가 과연 그림의 일부라고 할 수 있는지에 대한 논쟁으로 잘 알려져 있기도 합니다. 고흐가 그 유명한 〈아를의 도개교 The Langlois Bridge at Arles〉를 그리고 난 후 동생인 테오에게 보낸 편지에서 그림에 걸맞은 액자의 색감에 대한 고민을 남긴 일화를 보면 이것은 단순히 추상적 논의에만 그치지 않는, 실제 예술의 본질에 대한 생각과 맞닿아 있습니다.

이처럼 창작자가 포착한 예술적인 것으로서의 대상은 그 순간부터 절대적인 상태에서 존재할 수 없으며, 특정한 변형을 거쳐서 하나의 예술로 기능하게 됩니다. 당연한 말이지만, 그 어떤 예술도 대상 그대로를 직관적으로 전달할 수는 없습니다. 뿐만 아닙니다. 예술의 창작 단계에서 시작된 일련의 변형의 과정은 또 다른 예술 구성원으로서의 감상자를 통해 다시 한번 반복, 확장됩니다. 예술이 궁극적으로 타자를 위해 존재하는 것으로 믿었던 사르트르는 이와 같은 예술 작품의 형성을 두고 주관에서 발생했지만 점차 모두의 눈앞에서 응결되어 가는 특성을 가진 창조적 과정이라고 아주 간명하게 말했던 바 있기도 합니다. 예술이 수용자까지 적극적으로 포함하는, 그 자체로 매개의 특질을 가지고 있다는 점을 다시 한번 확인할 수 있는 셈입니다.

 매개라는 예술의 본질적 면모와 관련해서 시 문학은 구조적으로 보다 복잡한 측면을 가지고 있습니다. 보통 다른 예술 장르에서 사용하는 질료들은 그 특성 그대로 예술품을 매개합니다. 예를 들어, 회화에서 물감을 사용한다면 물감이 가지고 있는 객관적 성질 그대로 매개의 역할을 하는 것처럼 말입니다. 하지만 언어를 질료로 하는 시 문학의 경우 언어가 물감처럼 객관적이거나 기능적 매개의 역할에만 그치지 않습니다. 고전 수사학에서부터 현대 언어학에 이르기까지 언어에 대한 오랜 탐구를 통해 알게 된 것처럼, 언어는 인간의 무의식을 매개하는 심층적 구조를 이미 내재하고 있는 질료이기 때문입니다. 따라서 창작의 순간에서부터 수용의 단계에 이르는 시 문학이 자신만의 예술적 과정을 통해 세계를 매개하고 있다면, 그와 별개로 언어를 통해 매개하는 또 하나의 세계가 언제나 가로질러 놓여 있을 수밖에 없습니다. 요컨대 시 문학은 질료의 차원에서부터 언제나 다른 세계를 향해 가장 열려 있는 예술이라고 할 수 있습니다.

프로이트가 무의식을 드러내는 의식적 작용의 핵심으로 '압축'과 '전위'를 지적하고, 이후 라캉이 그것을 각각 '은유'와 '환유'라는 언어 작용으로 바꾸어 제시하게 되면서 이와 같은 시 문학의 특징적 구조에 대한 이해는 보다 널리 알려지게 되었습니다. 의사소통 수단의 기능을 넘는 비유적 언어 사용이 곧 시 문학의 본질적 면모를 이해하는 데 중요한 역할임을 다시 한번 확인하게 된 것입니다. 물론, 한 편의 시가 언어적 기교의 축적물이 아니라 궁극적으로 복수複數의 세계를 '매개'한다는 사실을 받아들인다면 말입니다.

'당신'이라는 시니피앙

김영경 시인의 환유에 주목하는 이유가 바로 여기에 있습니다. 그는 환유적 체계를 통해 자신의 시적 사유를 펼쳐 보이면서 매개로서의 시의 본질에 다가가고자 합니다. 물론 시 장르에서 비유 체계의 활용이 특별한 일은 아닙니다. 소통에 중점을 둔 일상에서의 언어 사용을 생각해 보면, 문법은 물론이고 단어 선택의 차원에서

꽤나 강한 제약을 받습니다. 일상어의 사용은 거의 무의식적 차원에서 이루어지기 때문에 잘 인지하지 못할 뿐입니다. 예를 들어 이미 지나간 일들을 말하기 위해서라면 시제가 과거로 한정된다거나, 특정한 서술어는 목적어의 자리를 한정하는 것들 말입니다. 이것을 언어학에서는 '선택 제약'이라고 합니다. 비유 체계는 바로 이 언어적 기능으로서의 선택 제약을 무기력하게 만들기 때문에 언어에 보다 자유를 부여하는 시 장르와 깊이 연관된다고 여겨져 왔습니다.

이때 은유는 비유의 정수로서 오래전부터 주목받아 왔습니다. 현실 속으로 현실이 아닌 것들을 끌고 와서 새롭게 직조된 시적 현실을 통해 또 다른 세계를 엿볼 수 있게 해 주는 것을 궁극의 시적 경험이라고 한다면, 은유는 바로 그것을 가능하게 만들어 주는 핵심이기 때문입니다. 하지만 앞서도 말했던 것처럼, 언어적 기교 이면의 무의식적 작용에 주목해서 본 뒤로 은유의 위상은 사뭇 달라졌습니다. 은유가 원관념과 보조 관념간의 동일성에 기반하고 있듯, 그 원리 내면에는 주체의 동일화에 기반한 상징적 종속화가 벌어지고 있음을 간파하게 된 것입니다. 따라서 이제, '주체'의 위상에 대한 재조정과 함께 동일성의 원리에서 벗어나 환유에 눈을 돌리게 됩니다. 물론, 이것이 은유와 환유의 일방적인 우열 관계를 말하는 것은 아닙니다. 다만, 시집 『얼치기완두 길 잃기』에서 확인해 볼 김영경의 시적 사유를 이해하기 위해서라면, 상징적 범주에서의 이탈 내지는 최소한 상징계의 완성을 지연시키는 힘으로서의 환유라는 사실에서 출발할 필요가 있습니다.

    난 아보카도인데
    모두 펭귄이라고 부르는군요

    거울을 보며 상자 속 보트를 꺼내 볼까요
    죽은 건 여러 개인데 상자가 하나뿐이라면 어쩌죠

    모방은 싫어요 모순으로 돌아서서
    누구든 좋다고 하면 어떻게 불려도 상관없지만

    귀엽게 뒤뚱거리면 사랑해 줄 것만 같아 왜 아보카도 씨앗은 단단함을 모방하고서도 모를까요

    아보카도를 부화시켜 볼까요?
    아보카도는 어떻게 형태를 유지하는 걸까요
    죽어서라도 편안하라고 물속에 의자를 놓아두었죠

단단한 것들은 모두 익사해 버렸네요
   훅훅 날려도 훅 튀어 오르는 아보카도
   싸움은 알맹이만 골라잡고 싶은
   고집일까요

   단단하고 꼬인 심사만 가진 난 아보카도만 움켜
쥐고
   미움은 모방하기엔 아까운 부록이에요
   뒤뚱거림을 잊어버릴까 아보카도에 어퍼컷만 날려
대죠

   죽은 것을 한꺼번에 불러내는 물속엔 펭귄이 너무
많아 의자들이 넘어집니다 어퍼컷으로 날린 아보카
도가 펭귄 발등에 떨어지네요

   근처로 오세요 조금 더 가까이

   발등을 찍은 모순을 부활시켜 볼까요?
                    ―「아보카도 펭귄」 전문

 이 작품은 한 번 읽어 보는 것만으로는 의미를 파악

하기 쉽지 않습니다. 하지만 시적 구조의 측면에서 본다면 '아보카도'와 '펭귄'의 두 단어가 마주 보고 있는 일종의 긴장 관계를 중심으로 작품이 이루어졌다는 점은 오히려 쉽게 파악할 수 있습니다. 게다가 첫 연에서 자신에 대한 타인들의 생각이 오해라고 말하는 화자의 분명한 목소리를 통해 두 단어가 동일성의 차원에서 파악되기를 거부하고 있습니다. 말하자면, 이 작품은 '아보카도'와 '펭귄'의 환유적 관계망 속에 한 단어에서 다른 한 단어로 이어지는 무한대의 끝나지 않는 은유적 연쇄를 품고 있는 구조인 것입니다. 실제 작품의 진행을 조금 살펴보자면, 가령 "상자 속 보트를 꺼내"는 2연의 행위는 비교적 큰 씨앗을 품고 있는 아보카도의 형상적 특이성에서 비롯했다고 볼 수 있습니다. 그리고 4연에서는 아보카도에 대한 궁금증이 다시 펭귄의 외형적 특성과 연결되고 있는데, 이를 통해 5연에서 "아보카도를 부화시켜 볼까" 하는 행위 역시 가능해지는 것입니다. 이 작품에서 각각의 연은 독립적인 것처럼 보이지만, "아보카도"에서 시작된 환유적 연쇄의 한쪽 끝은 "펭귄"으로 이어지고 있음을 확인할 수 있습니다.

보다 흥미로운 사실은 '모순'과 '모방'의 두 단어가 만들어 내고 있는 또 하나의 환유 구조가 결합되어 있다는 점입니다. 그리고 두 단어의 의미 구조를 눈여겨본다면 모방이 두 대상 간의 동일성에 기반하고 있다는 점, 그러나 모순은 그와 정반대로 작동한다는 점에서 각각 은유와 환유에 연결되어 있습니다. 그리고 시인은 이를 두고 "모방은 싫어요"라는 거부의 태도를 비추거나, 또는 "모순을 부활시켜 볼까요?"라는 제안을 통해 환유에 주목하고 있음을 드러냅니다. 은유적 사고에서 환유적 가능성으로의 전환을 보여 주고 있는데, 이 작품에서 시인은 이것을 의미화하기보다 '아보카도'에서 '펭귄'으로 이어지는 또 다른 환유 체계 안에 품고 있는 방식으로 구조화하고 있는 것입니다.

김영경 시인의 특성을 '환유적 구조'라고 했을 때 단어의 은유적 의미를 탐색하는 것은 사실상 중요한 일이 될 수는 없습니다. 가령 같은 단어 쌍을 활용한 환유 체계가 작동하고 있는 또 다른 작품 「회전」을 꼼꼼히 읽어 볼 수 있겠습니다. 이 작품에서 시인은 "아보카도"와 "펭귄"으로 이어지는 환유적 관계망의 역동성에 보다 집중하고 있는데, 그 과정에서 결국 "창밖의 펭귄은 으깨진 아보카도"라는 이미지를 도출해 냅니다. 다시 한번 강조해서 말해 보자면, 이것은 은유적 의미 관계 위에 놓여 있지 않습니다. 따라서 우리가 주목해야 하는 것은 어째서 펭귄은 창밖에 있는지, 또는 그것이 왜 으깨져 있는 아보카도와 유사한 관계에 있는지에 대해서가 아니라, "빙글빙글 돌아오는 아보카도"에서 시작된 환유적 상상력의 움직임 그 자체입니다.

언어적 구조를 통해 무의식을 파악해 보고자 했던 라캉의 이해를 빌려 온다면, 언어는 시니피앙의 연쇄이며 따라서 환유는 언어적 구조를 통해 무한한 욕망의 이동을 그대로 드러냅니다. 김영경의 환유적 상상력은 바로 이와 같은 욕망의 무의식적 흐름을 보여 주고 있는 셈입니다. 그리고 그의 환유적 연쇄를 통해 우리는 결국 상징계에 종속되지 않고 언제나 결여 그 자체인 주체의 욕망, 즉 "서로의 맛이 궁금"해지며 타자를 예비하는 순간을 이제야 처음으로 깨달을 수 있게 됩니다.

    곧 가겠다는 말입니다 방금 왔지만 노랑에서 연두로 초록으로 다시 다크로 짙은 어둠으로 가겠다는 약속입니다 더 깊어지겠다는 다짐입니다 초록의 뿔에도 혈관이 있다며 분홍색 연구 따위는 관심 두지 않겠다는 것입니다 예쁜 것은 뽐내게 놔두라지요 연약한 아름다움 따위는 꽃에게나 뒤집어씌우라지요 단단해지겠다는 것입니다 무감각을 키우겠다는 것입니다 덕지덕지 벗겨지는 나무껍질 갈라지고 벗겨지고 바짝 말라서 안으로 안으로 동그랗게 말려 보겠다는 것입니다 모두 연두의 일입니다 당신의 감탄사

같은 분홍이 아닙니다 작은 연두색 인사에서 만사를
키웁니다 만사가 형통이라니요 뿔이 날 말씀 연두색
인사로 조금 더 올라갑니다 어차피 잘될 리 없지만
고도가 조금 높아집니다 새로운 인사가 보입니까? 그
인사가 그 인사이겠지만 안으로 말리는 동그라미로
남쪽으로 기울어지겠습니다 조금만 더 아래로 뿔이
나겠습니다 남쪽으로 튀겠습니다 연두 인사법, 조금
더 짙어지겠다는 다짐, 검은 땅 당신을 향해
—「연두 인사법」 전문

 이 작품 역시 '연두'에서 시작된 환유적 상상력이 펼쳐져 있습니다. 작품의 중심 소재인 "연두"는 먼저 "노랑에서 연두로 초록으로 다시 다크로 짙은 어둠으로"라는 구절을 통해서 알 수 있듯이 하나의 정해진 색상이라는 측면에서부터 인접한 다른 색상들과의 환유적 관계 속에 놓여 있습니다. 그리고 나아가 이 "연두"는 "예쁜 것은 뽐내게 놔두라지요 연약한 아름다움 따위는 꽃에게나 뒤집어씌우라지요"에서처럼 자연의 생장에 따른 변화 과정 안에서의 한 국면이라는 점에서도 역시 환유적으로 사용되고 있습니다. 말하자면,「연두 인사법」은 소재적 차원에서부터 환유적 특성으로서 주목하고 있는 '연두'에 대한 시인의 상상력을 환유적 연쇄에 담아 펼쳐 보이고 있는 셈입니다.

여기에서 시인의 상상력이 특히 탄생과 소멸이라는 자연의 순환 법칙과 그대로 맞닿게 되는 것은 인상적입니다. 작품의 제목으로도 강조되고 있는 것처럼, 시인에게 "연두색 인사"는 "만사를 키"우는 성장의 힘인 동시에 "조금만 더 아래"로의 소멸을 통해 다음 계절을 준비하며 운명에 수긍하는 순간이기도 합니다. 결국 이와 같은 의미화의 정착이 불가능한 김영경의 환유적 진술은 주체의 발언을 강화하는 것이 아니라, 앞서 「아보카도 펭귄」이나 「회전」과 같은 작품에서 살펴보았던 것처럼, 필연적으로 "당신"이라는 또 하나의 시니피앙을 향해 가는 시적 욕망이라고 할 수 있습니다. 시집 『얼치기 완두 길 잃기』에서 확인해 본 김영경의 환유적 상상력은 라캉에게 결여를 원동력으로 하는 욕망이 그랬던 것처럼, 고정된 의미 체계를 탈주하고자 하는 시인의 존재론이자, 위상적 차별 없이 타인을 예비하는 시적 윤리가 됩니다.

바리데기, 환유적 여행자

김영경 시인의 환유적 상상력이 언어적 기교의 문제가 아니라, 자신의 시적 사유를 드러내기 위한 방식이자 시인으로서의 태도라는 것을 살펴보았습니다. 환유를 무한대의 시니피앙이라고 이해했을 때 그것은 어떤 '의미'로 고정시킬 수 있는지에 대한 것이 아니라, 또 다른 시니피앙의 연쇄를 부르는 '태도'의 문제일 수밖에 없습니다. 시인과 화자의 관계 역시 고정되어 있지 않다는 현대 시의 특성을 떠올려 본다면, 김영경의 작품들은 이와 같은 환유적 태도, 즉 결여의 지점들을 통해 타인으로 끝없이 몸을 바꾸기 위한 준비처럼 보입니다. 「삭제되는 새는」에서 "양말의 중요성은 구멍"이라고 말하면서 소통의 차원에서라면 의미의 결여라고 할 수 있는 지점에 주목한 뒤, 바로 그 '구멍'을 통해 기존의 의미망에 갇혀 있던 '양말'을 "뒤집어서 활짝 피"게 만드는 힘으로 전환시키는 것처럼 말입니다.

김영경에게 환유는 시적 상상력을 펼쳐 나가는 방식이자 윤리, 그리고 무엇보다도 시적 태도라고 말했습니다. 그렇다면, 그가 이와 같은 자신만의 태도를 통해서 예비하는 만남의 대상은 어떤 모습일까요.

> 잎새에 이는 바람에도 흔들거리고 흔들거리고 모가지가 길어서 미루나무는 자꾸만 뒤집어지고 뒤집어지고 아프리카 꽃기린도 아카시아 꼭대기 가시를 따 먹으며 키득거리고 키득거리고 모가지도 없고 절망이 코끼리 뒷다리만큼 튼튼한 난 자꾸만 코끼리 코

에 매달려 흔들거리고 흔들거리고 거미가 쳐 둔 올무에도 걸려 넘어지고 넘어지고 무지개가 펼친 잠자리 날개에도 찢어지고 깨어지고 뼈가 자꾸 덜그럭거리고 흔들거리고 절뚝거리고 덜커덩거리며 어디론가 자꾸 미끄러져 가고

    죽은 길이 되살아나 출렁거린다

  꽉 잡았던 미끄덩한 당혹감만 움켜쥐고 한때 멀리 도망을 가 본 적도 있었다 단단함을 찾아 구리산맥 등을 타고 사막여우 골짜기까지 애 셋을 낳고 하나는 잡아먹고 또 하나를 잡아먹으려고 칼을 치켜들 때 팽팽하게 당겨지는 길의 출렁임 제자리로 끌려오고 달려오고 미치지도 못하고 도망도 못 가고 한곳에 매여 아기염소 공갈 똥 같은 노래를 맴맴 거리며 맴돌고 맴돌고 다시 돌고 또 돌고 팽이도 돌고 나도 돌고 냅다 지구를 후려치며 비틀거리고 키득거리고
—「머리에 꽃」 전문

우선 이 작품에서 1연은 행위들의 연속으로 진행되고 있습니다. 그 행위의 주체가 특정되어 있지는 않지만 제목에서 시작된 연상으로 이어진다면 '꽃', 또는 '머

리에 꽃'을 꽂고 있는 인물일 겁니다. 그런데 "흔들거리고―뒤집어지고―키득거리고―넘어지고―찢어지고―깨어지고―덜그럭거리고―절뚝거리고―미끄러져 가고" 등 행위와 관련된 서술어만을 다시 끄집어내 보더라도 주체의 자리는 비어 있는 상태입니다. 그럼에도 전체적으로 위태로움을 동반한 행위라는 공통점을 지적할 수는 있겠습니다만, 이 역시 환유적 상상력으로 제시되고 있기에 이 행위들로 특정한 의미를 유추해 낼 수는 없습니다. 따라서 1연은 결국 2연에 압축되어 있는 하나의 상황, 즉 "죽은 길이 되살아나 출렁거"리게 되는 순간을 예비하는 것으로 보아야 합니다. 그리고 2연에서야 비로소 등장하게 된 특정한 상황은 다시 환유적 상상력을 통해 3연으로 이어지고 있습니다.

3연은 1연에서처럼 다시 행위들이 이어지고 있습니다만 "당혹감만 움켜쥐고 한때 멀리 도망을 가 본 적도 있었다"처럼 행위와 연관된 보다 상세한 내용들이 추가되어 있습니다. 또한 "길의 출렁임"이라는 2연에서 제시된 특정한 상황이 행위의 배경으로서 일관되게 작용하고 있는 점도 확인됩니다. 그런데, 조금만 더 주의를 기울여 읽는다면 3연에서의 상황이나 행위들로 인해 1연에서는 숨겨져 있던 "나"의 정체가 '바리데기'와 깊이 연관되어 있다는 점을 알아차릴 수 있습니다. 그렇게 본다면 1연에서의 행위들은 물론 2연에서 제시된 상황까지도 마찬가지입니다.

서사 무가에서 기원하는 '바리데기'는 보통 이분법적 사고 체계에 기반한 서구적 상상력과 대립되는 것으로 잘 알려져 있습니다. 우리 시 문학에서도 '바리데기'는 고유의 사상적 기원으로서 차별이나 사회의 구조적 폭력을 벗어나 연대와 화해라는 보편적 의미망에 이르기까지 폭넓게 자리하고 있습니다. 특히 남성중심적 질서 안에 내재되어 있는 배제의 논리를 극복하는 차원을 넘어 여성 주체의 행위나 언술적 특성을 가지고 있다는 확장된 의미에서 바리데기는 서구 페미니즘에서의 '여성적 글쓰기'의 원형으로도 이해됩니다.

김영경 시인이 자신의 환유적 상상력을 통해 만남을 기원하는 존재가 바리데기인 이유가 바로 여기에 있습니다. 그에게 바리데기는 단순히 고전에서 비롯된 세계관 속의 인물이 아닙니다. 버림받고 용서하며, 자신을 희생하고 또 출산과 죽음 그리고 부활에 이르기까지 바리데기가 보여 주는 각각의 개별적 행위들은 그것만으로도 특정한 의미를 가지고 있습니다. 하지만 보다 중요한 것은 멈추지 않고 끊임없는 이동을 하는 존재라는 점입니다. 바리데기에게 더 이상 행위를 하지 않고 멈춘다는 것은 결국 자신이 겪고 있는 불화들 앞에서의 좌절을 의미합니다. 따라서 바리데기는 위기 앞에서 환유적 행위를 통해 매번 다른 존재로의 도약을 해내고 맙니다. 단어의 어원적 형상 그대로 바리데기는 '버려진 자', 즉 어느 의미에도 묶이지 않고 끝없이 다른 행위들로 이어지는 환유적 여행을 나선 자일 수밖에 없습니다. 이 바리데기가 바로 김영경이 "잎새에 이는 바람에도 흔들거리"는 행위에 주목함으로써 결국 "죽은 길"에 이르기까지 멈춤 없이 모든 것이 "되살아나 출렁거"리는 순간에 조우한 존재입니다.

김영경의 환유적 상상력은 이처럼 삶과 죽음에 이르기까지 일종의 연속적 관계임을 자각하게 만들어 줍니다. "엄마"의 죽음을 소재로 하고 있는 「기어가고 피어나고, 여름」에서도 불꽃처럼 환하게 바다 넘어 날아가는 슬픔을 드러내면서 결국 "뜻밖의 노래가 펼쳐"지는 것이 가능한 사건으로 만들고 있음을 볼 수 있습니다. 시집 『얼치기완두 길 잃기』에서 다소 예외적으로 '제주'라는 특정 지역을 배경으로 활용하고 있는 사실도 이와 연관지어 이해할 필요가 있습니다. 아주 구체적으로 특정 지을 수 있는 작품만 해도 「한여름 서빈백사에서」, 「숨비소리」, 「순비기꽃」, 「브롬밧」 등이 있는데, 가령, 「숨비소리」와 같은 작품을 보면 제목에서부터 쉽게 알 수 있는 것처럼 해녀들의 물질을 소재로 하고 있습니다. 잘 알려져 있듯, 해녀는 그 직업적 행위의 특성상 삶과 죽음의 경계를 매일 같이 넘나듭니다. 죽음에 이를 정도까지 숨을 참았다가 다시 삶과 접촉하며 터져 나오는 '숨비소리'는 해녀가 그 경계를 넘나들고 있다는 가장 명확한 증거입니다. 그것을 두고 그는 "바다"와의 "돌림 노래"라고 표현함으로써 삶과 죽음의 연속성을 자각하게 만들어 줍니다.

김영경에게 제주는 이처럼 시적 상상력이 펼쳐지는 공간이면서 바리데기, 즉 고정된 의미 안으로 끊임없이 포획하는 힘에 저항하는 '해녀'들의 고장이기도 합니다. 우리의 원형적 이야기 속에서 남성 중심적 의미 체계를 끝없이 탈주하고자 했던 바리데기처럼, 김영경은 자신의 첫 시집 『얼치기완두 길 잃기』에서 환유적 상상력을 통해 '제주'로 상징되는 또 다른 세계와 접촉할 수 있는 가능성을 향하고 있습니다. 이제, "새 불쏘시개"를 들고 "모험을 떠날 수도 있"(「편애하는 심장」)게 된 듯한 기분입니다.

얼치기완두 길 잃기
2025년 10월 3일 1판 1쇄 펴냄

지은이	김영경
펴낸이	김성규
편집	조혜주 최주연 권은하 한도연
디자인	신혜연
펴낸곳	걷는사람
주소	경기도 용인시 기흥구 동백중앙로 358-6, 7층 (본사)
	서울 마포구 월드컵로16길 51 서교자이빌 304호 (지사)
전화	031 281 2602 / 02 323 2602
팩스	02 323 2603
등록	2016년 11월 18일 제25100-2016-000083호

ISBN 979-11-7501-019-2 04810
ISBN 979-11-89128-01-2 (세트)

* 이 책은 제주문화예술재단 '2025년 제주문화예술지원사업'의 지원을 받아 발간되었습니다.
* 이 책 내용의 전부 또는 일부를 재사용하려면 반드시 지은이와 출판사의 동의를 얻어야 합니다.
* 잘못된 책은 교환해 드립니다.